Axel Kühner
Voller Witz und Weisheit

Axel Kühner

Voller Witz und Weisheit

Jüdischer Humor und biblische Anstöße

Mit Illustrationen von Vladimir Mir

ß— neukirchener

Alle verwendeten Bibelstellen sind entnommen aus: Lutherbibel, revidierter Text 1984, durchgesehene Ausgabe in neuer Rechtschreibung, © 1999 Deutsche Bibelgesellschaft, Stuttgart

Bibliografische Information der Deutschen Nationalbibliothek:
Die Deutsche Nationalbibliothek verzeichnet diese Publikation in der Deutschen Nationalbibliografie; detaillierte bibliografische Daten sind im Internet über http://dnb.d-nb.de abrufbar.

9. Auflage 2023
© 2008 Neukirchener Verlagsgesellschaft mbH, Neukirchen-Vluyn
Alle Rechte vorbehalten
Umschlaggestaltung: Grafikbüro Sonnhüter, www.sonnhueter.com
unter Verwendung einer Illustration von Vladimir Mir, Wuppertal.
DTP: Breklumer Print-Service, www.breklumer-print-service.com
Verwendete Schriften: Adobe Garamond
Gesamtherstellung: Drukarnia Dimograf Sp. z o.o., Bielsko-Biała
Printed in Poland
ISBN 978-3-7615-5621-4

www.neukirchener-verlage.de

Der Täter macht Ernst, der Weise einen Witz

Wunder über Wunder

Drei Männer wetteifern miteinander, wessen Rabbiner die größeren Wunder getan hat. Der eine Mann beginnt: »Kürzlich war unser Rabbi im offenen Wagen unterwegs, als plötzlich ein Platzregen kam. Unser Rabbi hat gebetet, die Hände zu Gott erhoben. Und was soll ich euch sagen, Gott hat den Regen geteilt. Links vom Wagen hat es geregnet und rechts vom Wagen hat es geregnet, und in der Mitte, wo der Rabbi gefahren ist, blieb es trocken. Ein Wunder!«
Nun erzählt der zweite Mann: »Unser Rabbi war an einem Freitag mit dem Auto unterwegs, als plötzlich der Wagen streikte. Es war kurz vor Sonnenuntergang, unmittelbar vorm Sabbat. Der Wagen fuhr nur noch ganz langsam. Unser Rabbi hat gebetet, seine Hände zu Gott erhoben. Und was soll ich euch sagen, Gott hat den Sabbat geteilt. Rechts vom Wagen war Sabbat und links vom Wagen war Sabbat, und in der Mitte, wo der Rabbi gefahren ist, war kein Sabbat. Ein Wunder!«
Und schließlich erzählt auch der dritte Jude: »Unser Rabbi hat kürzlich einen kleinen Jungen gesehen, wie er vor einer hohen Mauer steht und ein Schinkenbrötchen isst. ›Die Mauer soll doch gleich über dich stürzen‹, rief der Rabbi. Doch im selben Augenblick besann er sich und dachte, der kleine Junge weiß es sicher nicht besser. Unser Rabbi hat gebetet, die Hände zu Gott erhoben, dass die Mauer nicht über den Jungen stürzt. Und was soll ich euch sagen, die Mauer blieb stehen. Ein Wunder!«

Ein Unverständiger glaubt noch alles; aber ein Kluger gibt Acht auf seinen Gang.   (Sprüche 14,15)

Schweigen ist Gold

In einem Zugabteil sitzen sich zwei Juden gegenüber, ein älterer Herr und ein junger Mann, der sich vergebens abmüht, ein Gespräch zu beginnen. Schließlich versucht es der junge Mann mit der einfachsten Masche: »Verzeihung, der Herr, könnten Sie mir vielleicht sagen, wie spät es ist?« Der Herr antwortet nicht. Sie fahren Stunde um Stunde, und immer wieder versucht der junge Mann mit seinem Gegenüber ins Gespräch zu kommen. Schließlich nähert man sich der Endstation. Der junge Mann fasst sich noch mal ein Herz und sagt: »Verzeihung, mein Herr, jetzt habe ich Sie mehrmals höflich gefragt, was die Uhr ist. Und Sie gaben mir nicht eine Antwort!«

Nun wendet sich der Ältere an sein Gegenüber und sagt: »Lieber Mann, ich will Ihnen sagen, was gewesen wäre, wenn ich Ihnen gesagt hätte, was die Uhr ist. Ich hätte Ihnen gesagt, wir haben neun Uhr. Sie hätten mir gesagt, was ich für eine schöne Uhr habe. Ich hätte Ihnen gesagt: Ja, die Uhr ist ein wertvolles Stück. Sie hätten gesagt, wenn man eine so wertvolle Uhr hat, muss man auch machen gute Geschäfte. Ich hätte Ihnen gesagt, dass ich gute Geschäfte mache. Sie hätten mich gefragt, was für Geschäfte ich mache. Ich hätte Ihnen gesagt, dass ich in Papier und Kleber mache. Dann hätten Sie mich gefragt, wo ich wohne. Ich hätte Ihnen gesagt, in Przemysl. Sie hätten mich gefragt, ob ich habe ein schönes Haus. Ich hätte Ihnen gesagt, ich habe ein schönes Haus. Sie hätten mich gefragt, ob

10

ich habe eine Familie. Ich habe eine Tochter. Sie hätten mich gefragt, ob die Tochter schön ist. Ich hätte gesagt, sie ist schön. Dann wären Sie gekommen, hätten einen Besuch gemacht. Dann hätten Sie bei mir angehalten um die Hand meiner Tochter. Jetzt frage ich Sie: Wozu brauche ich in meiner Mischpoche e Parech, was nicht emal an Uhr hat?«

Eine linde Antwort stillt den Zorn; aber ein hartes Wort erregt Grimm. (Sprüche 15,1)

Jedem das Seine

Ein armer Jude findet eines Tages eine Geldbörse mit 700 Talern. Am Gemeindezentrum liest er einen Anschlag, dass ein reicher Jude seine Geldbörse verloren hat und dem ehrlichen Finder 50 Taler Finderlohn zahlen will.

Der arme Jude freut sich und bringt dem Reichen die Börse. Als der sein Geld wiederbekommt, bereut er schon sein Versprechen, einen Finderlohn zu zahlen. Also zählt er vor dem Armen das Geld nach und meint: »Wie ich sehe, hast du dir schon den Finderlohn herausgenommen, denn in meiner Börse befanden sich 750 Taler. Damit wäre also alles geregelt!«

Doch der arme Jude will das nicht gelten lassen und bringt die Sache vor den Rabbi. Der hört sich in Ruhe beide Männer und ihre Standpunkte an. Der Reiche beschwört den Rabbi, dass er ihm glauben müsse.

»Ich glaube dir, dass in deiner Börse 750 Taler waren, aber ich glaube auch dem Finder, denn sonst hätte er die Börse gar nicht zurückgebracht, sondern behalten. Daher kann die Börse, die er gefunden hat, nicht von dir sein.« Der Rabbi gibt dem Armen die 700 Taler mit der Bitte, sie aufzubewahren, bis sich der Mann meldet, der 700 Taler verloren hat. Und wenn nicht, mag er sie behalten. Den Reichen aber bittet er, darauf zu warten, bis jemand seine Börse mit 750 Talern gefunden hat.

Beraube den Armen nicht, weil er arm ist, und unterdrücke den Geringen nicht im Gericht; denn der Herr wird ihre Sache führen und wird ihre Bedrücker bedrücken. (Sprüche 22,22f)

Der falsche Heiratsvermittler

Ein Jude möchte seinen Sohn gut verheiraten, möglichst also mit einer Braut aus einer bekannten und vermögenden Familie. Er wendet sich mit seinem Anliegen an den Schadchen. Und der besucht den berühmten Bankier Rothschild. »Herr Baron, ich hätte da ganz im Vertrauen einen wunderbaren Ehemann für ihre bezaubernde Tochter.« Doch Rothschild weist ihn ab: »Machen Sie sich bitte keinerlei Hoffnung. Um meine Tochter bewerben sich so viele ausgezeichnete Männer.« Doch der Schadchen setzt nach: »Aber was halten sie vom Vizepräsidenten der Weltbank als Schwiegersohn?« Rothschild sichtlich beeindruckt: »Nun, einen solchen Bewerber würde ich wohl akzeptieren!«

Am nächsten Tag fliegt der Schadchen nach Washington, und es gelingt ihm tatsächlich, zum Weltbankpräsidenten vorzudringen. »Herr Präsident, ich hätte da ganz im Vertrauen einen wunderbaren Vizepräsidenten für Sie.« Der Präsident verärgert: »Kein Interesse, auf diese Position bewerben sich so viele exzellente Leute.«

Doch der Schadchen setzt nach: »Aber was halten Sie vom Schwiegersohn vom Bankier Rothschild?« Der Präsident sichtlich beeindruckt: »Den würde ich natürlich allen anderen vorziehen!«

Ein wahrhaftiger Zeuge rettet manchem das Leben;
aber wer Lügen ausspricht, übt Verrat.

(Sprüche 14,25)

Wir sehen nur, was fehlt

Eine Großmutter ist mit ihrem kleinen Enkelkind am Strand.

Das Kind spielt fröhlich am Wasser, die Oma schaut aus dem Liegestuhl beglückt zu. Da kommt plötzlich eine riesige Welle heran, und als das Wasser zurückströmt, ist kein Enkelkind mehr da – einfach weggespült. Erschrocken beginnt die Großmutter zu wehklagen: »Großer Gott, wie konntest du mir das antun? Bin ich keine gute Mutter und Großmutter? Habe ich nicht alles für meine Familie getan? Habe ich nicht deine Gebote von Kind auf gehalten? Und nun das?« Eine Stimme aus dem Himmel antwortet: »Beruhige dich, ist ja schon gut!« Gleich darauf rollt wieder eine riesige Welle auf den Strand, und als das Wasser zurückgeht, spielt das Enkelkind wieder am Strand, lacht und freut sich, als wäre nie etwas gewesen. Und wieder ertönt die Stimme aus dem Himmel: »Ich habe dir dein Enkelkind wieder gegeben. Bist du nun zufrieden?« Darauf die Großmutter: »Aber das Kind hatte ein Hütchen auf!«

Seid dankbar in allen Dingen; denn das ist der Wille Gottes in Christus Jesus an euch.

(1.Thessalonicher 5,18)

16

Goldbergs Garten

Goldberg hatte den schönsten Garten im Städtchen.
Und jedes Mal, wenn der Rabbi vorüberging, blieb er
am Gartentor stehen und rief Goldberg zu: »Der Herr
als Schöpfer und du als Gärtner, ihr seid gute Partner!«
»Danke Rabbi«, antwortete Goldberg und verbeugte
sich
So ging das Tag um Tag, Woche um Woche und Monat um Monat, zweimal täglich rief der Rabbi auf dem
Weg zur Synagoge und zurück dem Goldberg zu: »Der
Herr und du, ihr seid gute Partner!«
Irgendwann wurde es Goldberg zu viel, und er ärgerte
sich über die Worte des Rabbi, die doch als Kompli-
ment gemeint waren. Als der Rabbi wieder einmal vorüberging und Goldberg zurief: »Der Herr und du, ihr
seid gute Partner!«, erwiderte Goldberg: »Das mag
schon sein, Rabbi, aber ihr hättet den Garten mal sehen sollen, als er noch Gott allein gehörte!«

**Baut Häuser und wohnt darin, pflanzt Gärten und
esst ihre Früchte.** (Jeremia 29,5)

Die besondere Brautwerbung

Einst trafen der Kaufmann Abraham Gugenheim und der Rabbi Moses Mendelssohn zusammen. Der reiche Kaufmann bewunderte den gelehrten Rabbi und lud ihn zu sich nach Hause ein. Und im Blick auf seine Tochter fügte er hinzu, dass er den Rabbi nur zu gern als Schwiegersohn haben würde. Mendelssohn aber hatte große Angst vor einem Besuch und einer Werbung um die Tochter, denn er war durch einen großen Buckel sehr verwachsen und entstellt. Doch eines Tages fasste er Mut, besuchte die Familie Gugenheim in Hamburg und lernte auch die hübsche Tochter der Kaufmannsfamilie kennen. Und wie er befürchtet hatte, war die Tochter erschrocken über sein Aussehen und ließ ihm das durch ihren Vater sagen. Beim Abschied war er noch kurz mit dem Mädchen allein, und sie erzählten, ohne dass das Mädchen ihn ansah. Plötzlich fragte die Tochter Mendelssohn: »Glauben Sie daran, dass die Ehen auf Erden im Himmel geschlossen werden?« »Gewiss!«, antwortete Mendelssohn, »Sie wissen, dass nach einer talmudischen Sage bei der Erschaffung eines Kindes im Himmel die Partnerin aufgerufen wird. Nun wurde mir eine Frau aufgerufen, und dabei hieß es, sie würde einen Buckel haben. Aber ich schrie: Lieber Gott, ein Mädchen muss schön sein und darf keinen Buckel haben. Gib mir lieber den Buckel und lass das Mädchen wohlgestaltet sein!« Als Mendelssohn das zu dem Mädchen gesagt hatte, stand sie auf und fiel ihm um den Hals.

Wer eine Ehefrau gefunden hat, der hat etwas Gutes gefunden und Wohlgefallen erlangt vom Herrn.

(Sprüche 18,22)

Wer andern eine Grube gräbt ...

Kommt ein Mann zum Rabbi und jammert: »Rabbi, jemand hat mir gestohlen meinen wertvollen Regenschirm, den mit dem echten Goldknauf. Was mich aber am meisten besorgt, ist der Gedanke, dass es einer von meiner eigenen Mischpoche war. Etwa der Schwager, die Schwiegermutter, was weiß ich, womöglich gar der Vater, Gott behüte, oder mein eigener Bruder. Stell dir vor, eventuell ein Dieb in der eigenen Familie!«

Der Rabbi hat einen guten Rat: »Lad die ganze Mischpoche zum Kaffee ein, den Schwager, die Schwiegermutter, was weiß ich, den Vater, Gott behüte, und den Bruder. Und wenn getrunken ist der Kaffee und gekostet der Kuchen, holst du das Gute Buch, zündest an die Kerzen und mit schöner Stimme liest du ihnen vor die Heiligen Zehn Gebote. Und wenn du dann kommst zu dem Gebot: Du sollst nicht stehlen, blickst du auf in die Runde und schaust dir die Mischpoche an, und der Schuldige wird sich verraten. Mach es so und dann komm, um zu berichten!«

Schon bald ist der Mann wieder da und berichtet freudestrahlend von seinem erfolgreichen Kaffeetrinken mit der Familie. »Es war einfach großartig, Rabbi, die ganze Mischpoche war da. Und nach dem Kaffee und Kuchen hab ich angezündet die Kerzen und aus dem Guten Buch die Heiligen Zehn Gebote vorgelesen, dem Schwager, der Schwiegermutter, was weiß ich, dem Vater, Gott behüte, und meinem Bruder. Und was soll ich dir sagen, wie ich komme zu dem Gebot: Du sollst nicht ehebrechen, da ist mir eingefallen, wo ich den Schirm hab stehen lassen!«

Was murren denn die Leute im Leben? Ein jeder murre wider seine Sünde! (Klagelieder 3,29)

Alles umsonst

Ein Fuchs findet einen besonders verlockenden Weinberg.

Die herrlichen Trauben reizen seine Gier. Aber der Weinberg ist sicher eingezäunt. Der schlaue Fuchs umschleicht den Zaun und findet eine winzige Öffnung, durch die er in den Weinberg eindringen will. Doch die Öffnung ist zu eng. In einer Mischung von Klugheit und Gier beschließt der Fuchs, so lange zu fasten, bis er durch den Spalt hindurchpasst.

Nach einer Woche endlich ist er so mager, dass er hinein kann. Nun frisst er sich an den wunderbaren Früchten satt und wird wieder so dick, dass er nicht mehr ins Freie gelangt. So muss er wieder lange fasten und sich verstecken, bis er hinaus kann. Als er endlich draußen ist, dreht er sich zum Weinberg um und ruft: »Weinberg, Weinberg! Wie schön bist du, und wie herrlich schmecken deine Trauben. Aber man hat keinen Nutzen von dir. So hungrig man zu dir hineinkommt, so hungrig geht man wieder aus dir heraus!«

So ist es wohl auch mit den Weinbergen des irdischen Ruhmes, der Macht und des Reichtums. Sie sind so verlockend und scheinen herrlich. Aber so nackt, wie wir auf die Welt kommen, werden wir sie auch wieder verlassen.

Wie einer nackt von seiner Mutter Leibe gekommen ist, so fährt er wieder dahin, wie er gekommen ist, und trotz seiner Mühe nimmt er nichts mit sich in seiner Hand, wenn er dahinfährt.   (Prediger 5,14)

Guter Rat ist teuer

Mojsche ist bekannt für seine klugen Ratschläge, aber er lässt sie sich auch gut bezahlen. Eine Frau bittet ihn um Rat: «Ich habe eine Tochter, aber kein Geld, sie zu verheiraten. Bitte helft mir!«

»Ich gebe euch einen guten Rat. Leiht euch schöne Kleider und viel Schmuck, und fahrt nach Wien. Dort lasst ihr euch beim teuersten Juwelier der Stadt eine große Auswahl echten Schmuck vorlegen. Und dann tut ihr so, als nähmt ihr plötzlich eine Handvoll von den Schmucksachen und rennt hinaus. Aber nichts nehmen, nur so tun. Der Juwelier wird euch nachlaufen und die Polizei rufen. Man wird bei euch nichts finden. Ihr nehmt euch einen Anwalt und droht mit einer Beleidigungsklage. Dann wird euch der Juwelier Geld bieten, um die rufschädigende Klage loszuwerden. Und ihr habt nun die Mitgift für eure Tochter.«

Auf der Hochzeit der Tochter erzählt sie ihrer Freundin, dass Mojsche ihr so wunderbar geholfen habe. Die Freundin hat auch eine heiratswillige Tochter, und so geht sie auch zum Mojsche.

»Ich will euch ebenfalls helfen. Ihr macht es genau wie eure Freundin, kleidet euch elegant, behängt euch mit geliehenem Schmuck und geht zu demselben Juwelier in Wien. Aber ihr tut nicht nur so, als nähmt ihr den Schmuck, sondern ihr nehmt wirklich eine Handvoll und rennt davon.« Die Freundin befolgt den Rat. Kaum rennt sie aus dem Laden, da wollen die Angestellten des Juweliers ihr nachrennen und sie packen.

Der Chef aber ruft schadenfreudig: »Halt! Den Trick kenne ich schon. Zweimal falle ich nicht darauf herein. Lasst sie nur laufen!«

Und so war auch der anderen Frau geholfen.

Der Gerechte weiß um die Sache der Armen; der Gottlose aber weiß gar nichts. (Sprüche 29,7)

Gastfreundschaft

Rabbi Schmuel von Brysow war ein hoch geachteter Chassid. Und er war sehr reich. Eines Tages kam eine große Gruppe von jüdischen Kaufleuten nach Brysow. Und weil der Sabbat anbrach, wollten sie den Festtag über in der Stadt bleiben. Sie fragten bei Rabbi Schmuel an, ob sie in seinem Hause wohnen und das Sabbatmahl mit ihm teilen könnten. Rabbi Schmuel bot ihnen beides an, nannte aber einen sehr hohen Betrag als Bezahlung. Die Reisenden waren befremdet, dass ein Chassid für seine Gastfreundschaft Bezahlung verlangte. Aber sie hatten keine andere Wahl, blieben beim Rabbi. Und dann aßen und tranken sie über den Sabbat, was sie nur eben konnten. Ja, sie verlangten noch edle Weine und ausgewählte Speisen. Sie zögerten nicht, alle möglichen Sonderwünsche zu äußern, weil sie an die hohe Summe der Bezahlung dachten. Als die Kaufleute nach dem Sabbat ihre Reise fortsetzen und dem Rabbi die vereinbarte Summe zahlen wollten, wehrte der lächelnd ab und meinte: »Glaubt ihr wirklich, ich würde Geld annehmen für das Vorrecht, Reisenden Gastfreundschaft zu gewähren?« Die Kaufleute fragten verwirrt zurück, warum er dann den hohen Preis genannt habe. Und der Rabbi erklärte ihnen: »Ich fürchtete, es könnte euch peinlich sein, reichlich zu essen und die besten Weine zu kosten, wenn ihr euch als meine Gäste fühlt. Und mal ganz ehrlich, hatte ich nicht recht damit?«

Gastfrei zu sein, vergesst nicht, denn dadurch haben
einige ohne ihr Wissen Engel beherbergt.

(Hebräer 13,2)

Klug ist nicht klug genug

Zwei begabte Absolventen einer Talmudschule bewerben sich um die Stelle eines Rabbiners. Die Prüfungskommission wird sie nach einem Predigtvortrag beurteilen. Der eine bereitet sich gründlich vor, arbeitet eine gute Predigt aus, der andere tut nichts und will seiner Intuition vertrauen. Die Nacht vor der Anhörung verbringt der erste damit, seinen Vortrag Wort für Wort auswendig zu lernen, laut und immer wieder. Der ändere muss, weil sie das Zimmer teilen, wohl oder übel zuhören und findet keinen Schlaf.

Am nächsten Tag tritt die Kommission zusammen, beide Bewerber werden hereingerufen, und das Los entscheidet, dass der, der sich auf sein Improvisationstalent verlassen hat, beginnen soll. Dem fällt aber im Moment nichts ein, und so trägt er Wort für Wort den Sermon seines Mitbewerbers vor.

Die Prüfer sind sehr beeindruckt und tauschen schon mal bewundernde Blicke aus. Dann ist der zweite Bewerber an der Reihe. Und der weiß sich natürlich nicht anders zu helfen, als seine eigene Rede noch einmal Wort für Wort zu wiederholen.

Nun sind die Prüfer noch mehr beeindruckt und kommen sofort darin überein, dass der zweite die Stelle des Rabbiners bekommt. Denn jemand, der eine Predigt nach nur einmal anhören so vollständig wiedergeben kann, muss ein Könner sein.

Ein Fauler dünkt sich weiser als sieben, die da wissen, verständig zu antworten. (Sprüche 26,16)

Das Leben ist herrlich

Ein Mann klagt einem erfahrenen Rabbi sein Leid:
»Mein Leben ist nicht mehr auszuhalten, wir wohnen
mit sechs Personen in einem Zimmer. Ich ertrage die
Enge, den Lärm und das Durcheinander nicht mehr.
Was soll ich nur machen?« Der Rabbi überlegt lange
und rät ihm dann energisch: »Nimm deinen Ziegenbock noch mit in euer Zimmer!« Der Mann erhob mit
aller Macht Einwände. Doch der Rabbi beharrte auf
seinem Rat: »Tu, was ich dir gesagt habe, und komm
nach einer Woche wieder!«
Nach einer Woche kam der Mann zum Rabbi. Er war
total entnervt, völlig erschöpft und restlos am Ende.
»Rabbi, wir halten es nicht mehr aus. Der Ziegenbock
stinkt fürchterlich. Die Tage sind eine einzige Qual,
die Nächte schlaflos und schlimm!« Der Rabbi sagte
nur: »Stell den Ziegenbock wieder in den Stall zurück
und komm nach einer Woche wieder zu mir!«
Die Woche verging, und als der Mann zum Rabbi
kam, strahlte er über das ganze Gesicht: »Rabbi, das
Leben ist herrlich. Wir genießen jede Minute. Kein
Ziegenbock, kein Gestank. Nur wir sechs in einem
Zimmer. Das Leben ist herrlich!«

Besser ein trockener Bissen mit Frieden als ein Haus
voll Geschlachtetem mit Streit.   (Sprüche 17,1)

Die Gabe für die Armen

In jungen Jahren reiste Rabbi Mosche immer wieder über Land, um für die Armen Geld zu sammeln. Denn die Liebe zu den armen, geschundenen Menschen brannte wie Feuer in seinem Herzen, und keine Mühe war ihm zu groß, um ihnen zu helfen. Nun kam er eines Tages in eine Herberge und traf auf eine Gruppe von derben Männern, die bei Kartenspiel und starken Getränken grölten und lärmten. Mutig trat er an sie heran und brachte höflich seine Bitte um eine Gabe für die Armen vor. Doch die groben Burschen gaben nichts und blickten ihn böse an. Einer von ihnen erhob sich und schlug auf den Rabbi ein, wobei er höhnisch rief: »Hier hast du deine milde Gabe! Und nun scher dich davon!« Rabbi Mosche neigte sich, um die Schläge zu empfangen, und antwortete dann ganz ruhig: »Nun habe ich meinen Teil bekommen, die Schläge gehören mir. Aber was gibst du für die Armen?« Und er sprach die Worte so bittend, dass sie die Herzen der rohen Männer rührten, und sie dem Rabbi Mosche alles Geld gaben, das sie bei sich hatten.

Wer ein gütiges Auge hat, wird gesegnet; denn er gibt von seinem Brot den Armen. (Sprüche 22,9)

Gott wird helfen müssen

Zum Rabbi kam ein Dorfjude mit Namen Seinwel. Er war kinderlos, obwohl schon zehn Jahre verheiratet. Immer wieder drängte er den Rabbi, dass er für ihn Kinder erflehen möchte. Einmal kam er mit seiner Frau. »Wir werden euch«, rief die redegewandte Frau, »keine Ruhe lassen, bis ihr uns mit einem Kind segnet!« Der Rabbi erwiderte: »Gebt mir den Zahlenwert des Wortes Ben (Sohn), also 52 Dukaten, so werde ich für euch einen Sohn erflehen.«
Der arme Jude fing an zu handeln. Er könne nur 10 Dukaten geben und bot immer einen Dukaten mehr. Aber der Rabbi blieb hart. Schließlich legte der Jude 20 Dukaten auf den Tisch und beschwor den Rabbi: »Glaubt mir, Rabbi, es ist unser letztes Geld!« Der Rabbi aber blieb bei seiner Forderung von 52 Dukaten.
Da wurde die Frau wütend und schrie: »Mann, nimm das Geld! Da wird uns Gott selber helfen müssen!« »Genau das wollte ich doch«, rief der Rabbi erfreut, »ihr seid gekommen und habt mich angefleht, aber Gott habt ihr dabei vergessen. Nun aber richtet ihr eure Hoffnung auf den Einen, der euch allein helfen kann.« Darauf segnete er sie, und sein Segen ging auch bald in Erfüllung.

Es ist gut, auf den Herrn zu vertrauen und sich nicht auf Menschen zu verlassen. (Psalm 118,8)

Gott hat alles weise geordnet

Der gelehrte Schamschel wandert durch ein Dorf. Auf der Wiese grast eine Kuh. Sie ist mit einer Leine an einen Pflock gebunden. Vergeblich müht sie sich loszukommen. Doch die Leine hält sie fest. Das bewegt den weichherzigen Denker, und er beginnt zu überlegen. »In den Schriften steht, Gott ist weise. Er hat alles wunderbar und weise geordnet. Nun, ist er wirklich weise? Ist es denn weise zu schaffen eine Kuh, was man kann anbinden an einen Pflock? Was hat die Kuh davon? Sie müht sich und quält sich und kann nicht los. Warum kann eine Kuh nicht frei fliegen wie der Vogel dort? Möchte ihr nicht viel besser sein, wenn sie könnte fliegen?«

Indem er so überlegt und immer tiefer sich einspinnt in seine Gedanken, fliegt eine Schwalbe über ihn hinweg, und aus der Luft fällt ein nasses Klümpchen dem Schamschel genau ins Gesicht. Da ruft er: »Allmächtiger, du hast wirklich recht. Du bist weise und hast alles wunderbar gemacht. Behüte Gott, dass eine Kuh sollt können fliegen wie ein Vogel. Nu, wie sähe ich da wohl aus!«

Herr, wie sind deine Werke so groß und viel! Du hast sie alle weise geordnet, und die Erde ist voll deiner Güte. (Psalm 104,24)

Die vereitelte Scheidung

Es geschah einmal, dass eine Frau in Sidon mit ihrem Mann zehn Jahre lang lebte, ohne dass sie ein Kind gebären konnte. Dem Gesetz in diesen Angelegenheiten folgend, gingen sie zum Rabbi, um sich scheiden zu lassen.

Der Rabbi sprach zu ihnen: »Bei eurem Leben! Wie ihr, als ihr euch trauen ließet, bei einem festlichen Gelage zusammenkamt, so solltet ihr auch jetzt nicht ohne ein festliches Gelage auseinandergehen.« Sie folgten dem Rat des Rabbi und bereiteten ein großes Fest. Als der Mann den guten Wein reichlich gekostet hatte, fühlte er sich wohl und sagte zu seiner Frau: »Du kannst dir aus meinem Hause das mitnehmen, was dir am besten gefällt; und damit kehre dann in das Haus deines Vaters zurück!«

Als er eingeschlafen war, befahl sie ihren Knechten und Mägden, ihn und das Bett, auf dem er schlief, in das Haus ihres Vaters zu bringen. Morgens wachte der Mann auf, sah sich verwundert um und sprach: »Wo bin ich eigentlich?« »Du bist im Hause meines Vaters«, sagte die Frau, »du hattest mir doch erlaubt, dass ich das, was mir am besten gefällt, mitnehmen kann. Nichts gefällt mir besser in der ganzen Welt als du!«

Da gingen sie wieder zusammen zum Rabbi. Der betete für sie. Und bald darauf bekam die Frau ein Kind.

Das ist die Botschaft, die ihr von Anbeginn gehört habt, dass wir uns untereinander lieben sollen.

(1.Johannes 3,11)

Die richtige Zeitung

Goldberg macht einen Spaziergang im Stadtpark und trifft auf Seligman, der auf einer Bank sitzt und in aller Ruhe den »Völkischen Beobachter« liest. Entsetzt schreit Goldberg ihn an: »Wie, um Himmels willen, kannst du dieses Schmutzblatt lesen?« »Das will ich dir sagen«, erwidert Seligmann ganz ruhig. »Wenn ich eine unserer Zeitungen lese, bin ich immer völlig deprimiert, nichts als traurige Nachrichten: Juden aus dem Staatsdienst geworfen, Juden aus der Straßenbahn verbannt, jüdische Geschäfte boykottiert, Juden der Arztberuf verboten. Das ist einfach nur traurig. Hier in dieser Zeitung dagegen steht, dass die Juden die ganze Welt regieren, in Forschung und Wissenschaft führend sind, dass sie die Zügel der internationalen Finanzwelt in den Händen haben, dass sie die Politik sämtlicher Länder kontrollieren und so weiter. Ich sage dir, Goldberg, das baut die Seele auf!«

Wer wahrhaftig ist, der sagt offen, was recht ist; aber ein falscher Zeuge betrügt. (Sprüche 12,17)

Heiligenschein oder scheinheilig

Ein alter frommer Jude liegt schwerkrank im Bett, und seine treuen Schüler stehen um sein Lager herum und loben seine beispiellose Größe:
»Seit Salomo gab es niemand, der weiser wäre als er!«
 »Und sein starker Glaube ist dem unseres Vaters Abraham gleich!«
»Seine unendliche Geduld ist wie die Geduld Hiobs!«
»Wie Mose pflegt er einen vertrauten Umgang mit Gott selbst!«
So und noch mehr bewundern die Schüler ihren großen Meister. Doch der will keine Ruhe finden. Nachdem die Schüler gegangen sind, versucht seine Frau ihn zu trösten: »Hast du gehört, wie sehr deine Schüler deine Tugenden gelobt und dich bewundert haben? Warum bist du dann noch so betrübt?«
»Meine Bescheidenheit«, klagt der Rabbi laut, »meine große Bescheidenheit hat niemand von ihnen erwähnt!«

Habt Acht auf eure Frömmigkeit, dass ihr sie nicht übt vor den Leuten, um von ihnen gesehen zu werden; ihr habt sonst keinen Lohn bei eurem Vater im Himmel! (Matthäus 6,1)

Ehrlich währt am längsten

Der arme Hausierer Joschke zieht am Freitagnachmittag mit dem kärglichen Erlös seiner Wochenarbeit heimwärts. Im tiefen Wald überfällt ihn ein Räuber, drückt ihm die Pistole zwischen die Rippen und zischt: »Geld oder Leben!«

»Wovon soll ich dann weiterleben, wenn ich dir mein Geld gebe?«, jammert der Joschke. Der Räuber bleibt hart und fuchtelt mit der Pistole. »Der Händler, der mir die Waren dann ohne Geld geben muss, wird mir nicht glauben, dass ich überfallen bin«, klagt Joschke. »Schießt mir bitte ein paar Löcher durch den Rock und durch den Hut, damit der Händler sieht, dass ich wirklich überfallen wurde!«

Der Räuber hat Mitleid und schießt bereitwillig zwei Löcher durch den Hut und zwei Löcher durch den Rock. »Und bitte noch zwei Löcher durch die Hosen!« Der Räuber schießt. »Und jetzt noch, bitte sehr, ein Loch durch den Ärmel!« – »Das würde ich gerne tun, aber nun habe ich keine Kugeln mehr!«, versichert der Räuber.

»Hast du keine Kugel mehr, hab ich auch kein Geld!«, sagt Joschke freudig und geht nach Hause.

Klugheit ist ein Brunnen des Lebens dem, der sie hat; aber die Strafe der Toren ist ihre Torheit!
(Sprüche 16,22)

41

Mit der Wahrheit betrügen

Rabbi Pinchas war dafür bekannt, dass er sich strikt an die Wahrheit hielt. So ermahnte er die Chassidim beständig, in allen Situationen, selbst in Lebensgefahr und unter allen Umständen bei der Wahrheit zu bleiben und niemals auch nur ein lügenhaftes Wort auszusprechen.

Einmal reiste er ins Ausland und hatte seinen Reiseausweis vergessen. An der Landesgrenze bat ihn ein Jude: »Rabbi, ich habe Schmuggelware bei mir und fürchte die Beschlagnahme. Segnet mich doch, dass ich keinen Schaden erleiden muss!«

Der Rabbi befahl: »Leg deine Waren auf meinen Wagen und hab keine Angst!« Der Zollbeamte kam zur Kontrolle auf den Wagen zu und fragte höflich: »Habt Ihr, ehrwürdiger Rabbi, einen Pass?« »Nein!« – »Und verbotene Ware?« – »Ja!«, erwiderte Rabbi Pinchas laut. Da schüttelten der Zollbeamte lachend den Kopf und meinte: »Ich weiß schon, ich weiß schon!«, und winkte den Rabbi über die Grenze. Darauf sprach Rabbi Pinchas zu seinen Begleitern: »Die Wahrheit kann selbst noch den Schwindler vor Schaden bewahren, und mit der Wahrheit kann man sogar den schlauen Beamten betrügen!«

Ich habe erwählt den Weg der Wahrheit, deine Weisungen habe ich vor mich gestellt. (Psalm 119,30)

Bei Lebensgefahr

Ein Jude und ein Offizier sitzen sich im Zugabteil gegenüber. Der Offizier frühstückt und bietet seinem Gegenüber höflich ein Schinkenbrötchen an. Der Jude lehnt bedauernd ab. Der Offizier isst die Brötchen also allein auf, entkorkt eine Flasche Rotwein und bietet wieder seinem Gegenüber ein Glas an. Der Jude lehnt wiederum ab. Der Offizier: »Haben Sie weder Hunger noch Durst?« Der Jude: »Doch, aber wir haben so strenge Speisegesetze.« Der Offizier: »Darf man die denn auf keinen Fall übertreten?« Der Jude. »Ja schon, bei Lebensgefahr zum Beispiel.« Der Offizier zieht seinen Revolver und droht dem Juden: »Sie trinken, oder ich schieße!« Gern greift der Jude zu. Der Offizier: »Sind Sie mir jetzt sehr böse?« Der Jude: »Ja, natürlich! Warum haben Sie den Revolver nicht schon beim Schinkenbrötchen gezogen?«

Es ist ein köstlich Ding, dass das Herz fest werde, welches geschieht durch Gnade, nicht durch Speisegebote, von denen keinen Nutzen haben, die damit umgehen. (Hebräer 13,9b)

Frau und Mann

Eines Tages wendet Eva sich im Garten Eden an Gott: »Ich habe ein großes Problem. Ich weiß, dass du alles wunderbar gemacht hast, mich und diesen schönen Garten, all die vielen Tiere, selbst die fiese Schlange, aber ich bin einfach nicht glücklich. Ich fühle mich so allein, habe niemand zum Reden, und die Äpfel sind mir auch schon über.« – »Nun gut, Eva, ich werde dir einen Mann an die Seite stellen. Aber das sage ich dir gleich, er wird eine missratene Kreatur sein mit vielen Fehlern und Schwächen. Er wird dich belügen und betrügen, eitel und eingebildet wird er sein. Er wird größer, stärker, schneller sein, gerne auf die Jagd gehen und Kriege führen. Wettkämpfe werden ihm Spaß machen und geistlose Ballspiele ihn begeistern. Trotzdem wird er kein Selbstbewusstsein haben und ständig deine Bewunderung brauchen.« Eva ist ziemlich skeptisch und fragt nach: »Klingt nicht so gut, und wo ist der Haken an der Sache?« »Ja also, du bekommst den Mann nur unter einer Bedingung: Du musst ihn, weil er so eingebildet und stolz ist, in dem Glauben lassen, dass ich ihn zuerst erschaffen habe. Das muss unser beides kleines Geheimnis bleiben!«

So sollen auch die Männer ihre Frauen lieben wie ihren eigenen Leib. Wer seine Frau liebt, der liebt sich selbst. (Epheser 5,28)

Mann und Frau

Adam ging eines Tages im Garten Eden umher. Er war unglücklich und fühlte sich so allein. Besorgt fragte ihn Gott: »Adam, was ist denn mit dir los, warum bist du so betrübt?« Adam antwortete Gott, er hätte niemand zum Reden und Zusammensein. Gott versprach ihm eine Frau und sagte: »Diese Frau wird für dich kochen und waschen, dich umsorgen und dir gehorchen. Sie wird die beste Mutter deiner Kinder sein und niemals von dir verlangen, nachts aufzustehen, wenn die Kinder schreien. Sie wird nie an dir herumnörgeln und im Streit immer nachgeben. Sie wird nie Migräne haben, wenn es dich nach Liebe und Umarmung verlangt.«
Adam ist ganz beglückt und fragt Gott: »Was würde denn eine solche Frau kosten?« Gott erwiderte: »Einen Arm und ein Bein!« Erschrocken fragt Adam nach: »Und was würde ich für eine Rippe bekommen?« Na ja, das Ergebnis ist bekannt.

Und Gott der Herr baute ein Weib aus der Rippe, die er von dem Menschen nahm, und brachte sie zu ihm.
(1.Mose 2,22)

46

Der verborgene Schatz

In Krakau lebte einst ein alter Jude mit Namen Eisik Jekel. Er hatte in seinem Leben viel Schweres erlebt, war aber darüber nicht bitter geworden. Vielmehr hatte er sich ein kindliches Vertrauen auf Gottes Güte bewahrt. Er war alt und arm, aber in seinem Herzen lebte die Sehnsucht, noch etwas ganz Großes für Gott tun zu können.

Nun träumte ihm eines Nachts, dass Gott ihm befiehlt, er solle nach Prag wandern. Dort an der Brück zum königlichen Schloss würde er einen großen Schatz finden. Eisik Jekel erwacht, bindet sich seine zerfetzten Sandalen unter die Füße, wirft sich den alten, dünnen Mantel über und wandert in seiner Glaubenseinfalt den weiten Weg von Krakau nach Prag. Dort an der Brücke zum königlichen Schloss sucht er nach dem Schatz. Die Brücke ist schwer bewacht und außer einigen Pferdeäpfeln ist nichts zu sehen. Jeden Morgen, wenn die Wache aufzieht, streicht auch Eisik Jekel um die Brücke herum und hält Augen und Ohren offen. Voller Vertrauen wartet er einfach auf den Schatz.

Nach einigen Tagen fällt dem Hauptmann der Wache der alte Jude auf, und er fragt ihn: »Suchst du etwas? Wartest du auf jemand?« Und Eisik Jekel erzählt ihm seinen Traum. Da lacht der Hauptmann, nennt ihn einen Narren und meint: »Träume sind Schäume. Du bist ein Dummkopf, wenn du daran glaubst. Dann müsste ich ja auch so verrückt sein und losgehen, denn mir träumte einst, ich solle nach Krakau wandern und dort bei einem alten Juden, der Eisik Jekel heißt, unter dem Ofen nach einem Schatz graben!«

Eisik Jekel verbeugt sich, nimmt den Mantel zusammen, wandert nach Hause und gräbt unter seinem Ofen. Dort findet er einen Riesenschatz. Und in seiner Freude baut er damit für Gott ein wunderschönes Bethaus.

Das ist mein Schatz, dass ich mich an deine Befehle halte. (Psalm 119,56)

Die Rettung war so nah

Die Hausfrau ist kurz vor dem Nervenzusammenbruch. Da klingelt das Telefon, sie außer Atem: »Ja, bitte?«

»Hallo, hier ist deine Mama. Ich wollte nur mal hören, wie es dir geht.« »Ach Mama, gut, dass du anrufst, hier herrscht das totale Chaos. Die Kinder sind alle krank, der Kühlschrank ist kaputt, die Wohnung völlig durcheinander, und heute Abend kommen zwanzig Leute zum Essen.« »Mach dir keinen Kopf, mein Liebling. Setz dich in den Sessel, entspann dich. Wozu gibt es eine Mama. Ich bin in einer halben Stunde bei dir, überlege mir unterwegs ein tolles Menü und kaufe alles dafür ein. Dann koche ich, räume auf, versorge die Kinder, und dann können die Gäste kommen. Sag mal, was war noch gleich Arons Lieblingsgericht?«

»Aron, wer ist Aron?« – »Na, Aron dein Mann!« – »Mein Mann heißt Jeremy!« »Habe ich denn nicht die 522-1713 gewählt?« »Nein, hier ist die 522-1731!« »Pardon, dann habe ich mich wohl verwählt!« »Du liebe Zeit, heißt das, du kommst nicht?«

Lass deinen Vater und deine Mutter sich freuen und fröhlich sein, die dich geboren hat. (Sprüche 23,25)

49

Schöne Liebesgeschichte

Ein Mädchen trifft auf ihrem Weg in die Stadt an einer Kreuzung auf einen jungen Mann. Gemeinsam laufen sie weiter. Der Junge trägt auf seinem Rücken einen großen Kupferkessel, in der linken Hand hält er ein zappelndes Huhn, in der anderen Hand einen Stock und an einer Leine eine Ziege. Nach einer Strecke gemeinsamen Weges kommen sie an eine enge, dunkle Bergschlucht. Da bleibt das Mädchen stehen. »Durch diese Schlucht gehe ich nicht mit dir!« »Warum nicht?«, möchte der Junge wissen. »Du könntest mich dort umarmen und küssen«, antwortet sie. Der Junge lacht. »Wie soll ich dich denn umarmen und küssen? In der einen Hand habe ich ein Huhn, in der anderen einen Stock und eine Ziege an der Leine und auf dem Rücken trage ich einen Kupferkessel.« Aber das Mädchen bleibt bei seiner Weigerung und meint: »Du könntest deinen Stock in die Erde stecken die Ziege daran anbinden, das Huhn auf den Boden setzen und den Kupferkessel darüber stülpen, und dann könntest du mich umarmen und küssen!« Lange starrt der Junge das Mädchen an. »Du bist nicht nur bildhübsch, du bist auch blitzgescheit!« Und gemeinsam gehen sie durch die dunkle, enge Schlucht.

So ist es ja besser zu zweien als allein; denn sie haben guten Lohn für ihre Mühe. (Prediger 4,9)

Gewusst wie

Ein jüdischer Kaufmann kam einst auf seinen Geschäftsreisen durch ein Dorf. Die frechen Dorfjungen riefen ihm spöttisch entgegen: »Jud!, Jud!« und höhnisch hinterher: »Judenmauschel!« So ging es eine lange Zeit jede Woche, wenn der Jude durch das Dorf kam. Der dachte so bei sich: »Was soll ich machen? Schimpfe ich, werden sie noch ärger rufen, werfe ich auf einen, werden zwanzig auf mich werfen.« Eines Tages hatte er eine gute Idee. Er bedankte sich bei den Buben für ihre Begrüßung und versprach ihnen, für die nächste Woche eine hübsche Belohnung, wenn sie ihn wieder so laut empfangen würden. Nun besorgte er sich viele neu geprägte Baselrappen und schenkte jedem der Jungen eine solche Münze, lobte die Kinder und bedankte sich bei ihnen.

Als er wieder kam, standen die Kinder schon bereit und es wurden immer mehr, die ihn laut verspotteten. Und jedem Kind, das ihn Judenmauschel nannte, gab er einen Rappen. Nach einigen Wochen hatten sich die Kinder so an den Juden gewöhnt, dass sich ihr Spott langsam in Wohlwollen verwandelte. Eines Tages eröffnete der Jude den Kindern, dass er in finanziellen Schwierigkeiten wäre und sie für ihre Rufe nicht mehr bezahlen könne. Da sagten die Kinder: »Wenn ihr uns nichts mehr gebt, dann werden wir auch nicht mehr Judenmauschel rufen!« Da meinte der Jude: »Schade, aber zwingen kann ich euch natürlich nicht!«, und so kam es, dass er hinfort ganz ungestört seinen Weg durch das Dorf machen konnte.

Klugheit macht den Mann langsam zum Zorn, und es ist seine Ehre, dass er Verfehlung übersehen kann.
(Sprüche 19,11)

Das Lied der Harfe

Als David einst an den Königshof Sauls kam, soll er gebeten haben, auf einer wunderschönen Harfe spielen zu dürfen, die unbenutzt im Thronsaal stand. Der König meinte, die besten Harfenspieler hätten sich daran versucht, doch die Harfe habe nur furchtbare Misstöne von sich gegeben. Aber David ließ nicht locker. Und da der König ihn schätzte, gab er ihm schließlich doch die Erlaubnis, auf der Harfe zu spielen. David spielte lange und hingebungsvoll. Und als er sein Spiel beendet hatte, weinten die Leute des Hofes vor Rührung und Bewegung, weil die Musik so wunderbar und hinreißend klang. Der König fragte David nach seinem Geheimnis. Und David erklärte ihm: »Alle anderen Spieler haben versucht, der Harfe ihre Lieder aufzuzwingen. Doch da weigerte sie sich. Ich spielte auf der Harfe ihr eigenes Lied. Habt ihr gehört, wie sie lachte, als ich sie an die Zeit als junger Baum erinnerte, ihr von den Sonnenstrahlen erzählte, die durch ihre Zweige glitzerten, von den singenden Vögeln in ihren Ästen und den Liebespaaren in ihrem Schatten? Hörtet ihr sie weinen, als sie gefällt wurde und ihr Leben als Baum endete. Aber habt ihr auch gehört, wie sie jubelte, als ich mit ihr sang von der wunderbaren Verwandlung in eine Harfe, von der hohen Berufung, Gott zu Ehren und den Menschen zur Freude zu erklingen?«

Er hat mir ein neues Lied in meinen Mund gegeben, zu loben unseren Gott. (Psalm 40,4)

Das beste Geschenk

Drei Söhne einer Jüdin sind einst ausgewandert, haben ihr Glück gemacht und sind sehr reich geworden. Nun besprechen sie, was sie ihrer alten Mutter schenken können. Abraham, der Älteste, möchte ihr ein großes Haus mit wunderschönem Garten kaufen. Moische, der Zweite, möchte seiner Mutter ein großes Auto samt Chauffeur schenken. David, der Jüngste, hat eine ganz andere Idee: »Wisst ihr noch, wie gerne Mutter in der Bibel las? Jetzt, wo sie nicht mehr so gut sieht, fehlt ihr das. Ich besorge ihr einen Papagei, der die ganze Bibel rezitieren kann.«
Bald darauf kommt der Dankesbrief der Mutter. »Abraham, das Haus ist viel zu groß für mich. Ich kann doch nur ein Zimmer bewohnen und muss das ganze Haus sauber halten. Moische, ich bin viel zu alt, um mich noch in der Welt herumkutschieren zu lassen. Außerdem taugt der Chauffeur nichts, ist frech und gibt ungehörige Antworten. Und nun zu dir, mein lieber David, das Hähnchen von dir war köstlich, vielen lieben Dank!«

Den Weisen ist ihr Reichtum eine Krone; aber die Narrheit der Toren bleibt Narrheit.

(Sprüche 14,24)

55

Ruhig schlafen

Samuel hat Probleme. Die Geschäfte laufen nicht gut. Finanzielle Sorgen drücken hart. Er muss sich bei seinem Nachbarn Geld leihen. So wälzt er sich nachts ruhelos im Bett. Seine Frau Ethel wird wach und fragt. »Ich mache mir große Sorgen«, seufzt Samuel, »ich schulde unserm Nachbarn Rosenberg 500 Dollar und muss sie ihm morgen zurückgeben. Aber ich habe keine 500 Dollar. Ich bin pleite!«

»Das ist alles?«, meint Ethel, öffnet das Fenster und schreit zum Nachbarhaus hinüber: »He, Rosenberg, hörst du mich? Mein Mann Samuel kann dir das Geld morgen nicht geben!« Sie schließt das Fenster, geht wieder ins Bett und meint zu ihrem Mann: »So, jetzt kannst du ruhig schlafen. Jetzt hat Rosenberg die Sorgen.«

Haus und Habe vererben die Eltern; aber eine verständige Ehefrau kommt vom Herrn.

(Sprüche 19,14)

Noah beim Weinbau

Noah war froh, dass er mit seiner Familie in der Arche die Sintflut glücklich überlebt hatte. Und er war dankbar, dass er nun wieder die geliebte Erde unter seinen Füßen spürte. Als Ackermann wollte er nun auch einen Weinberg anlegen. Aber er wusste nicht so recht, wie man an diese Arbeit herangeht. Da kam der Teufel zu ihm und bot ihm seine Hilfe an. »Ich bin gern bereit, dich den Weinanbau zu lehren. Aber nur unter der Bedingung, dass von der Ernte die eine Hälfte mir gehört!«

Noah war einverstanden und baute mit Hilfe des Teufels den Weinberg. Er grub die Erde um, und der Satan brachte das Blut eines Lammes und goss es in die Furche. Dann brachte er das Blut eines Löwen und ließ es in die Erde fließen. Dann schlachtete er einen Affen und tränkte mit seinem Blut die Erde. Schließlich schlachtete er ein Schwein und goss dessen Blut in die Furchen.

Nach einigen Jahren sprossten die Weinreben üppig und die Trauben reiften. Voller Freude erntete Noah den Wein und kostete ihn später.

Er schmeckte so wunderbar, und Noah trank ohne Maß. Er trank auch den Teil des Satans und wurde schließlich so betrunken, dass er vor aller Augen entblößt im Dreck lag.

Als er wieder nüchtern war, erschien ihm der Teufel und mahnte ihn: »Wisse Noah, wenn der Mensch ein Glas von dem edlen Wein trinkt, wird er sanft wie ein

Lamm. Trinkt er das zweite, spielt er sich auf wie ein Löwe und prahlt mit seinen Heldentaten. Nach dem dritten Glas verliert er das Menschliche und wird zum Affen. Und nach dem vierten Glas wird er zum Schwein und wälzt sich im Dreck der Erde. Denn auch die schönsten Gaben des Lebens verkehren sich im Übermaß in ihr Gegenteil!«

Sieh den Wein nicht an, wie er so rot ist und im Glase so schön steht: Er geht glatt ein, aber danach beißt er wie eine Schlange und sticht wie eine Otter.

(Sprüche 23,31f)

Mose und das Böckchen

Eines Tages, so erzählt eine Geschichte aus dem Talmud, als Mose die Schafe Jitros hütete, entlief ihm ein kleines Böckchen. Und so sehr Mose ihm auch hinterher sprang, konnte er es nicht greifen. Immer schneller lief das Tier davon, als wollte es seinen Hirten keck herausfordern. Immer weiter ging die Jagd über Busch und Stein, und immer kleiner wurde in der Gluthitze und Öde die Chance, das Böckchen zu fangen. Da hielt Mose voller Wut und Erschöpfung inne und schwor in jähem Zorn: »Wenn ich dich ergreife, dann sollst du deine Flucht hart büßen!«

Doch plötzlich stand das Böckchen still. Und Mose schlich sich von hinten heran, um es zu überraschen und seinen Zorn an ihm auszulassen. Als er aber nahe herankam, sah er aus Sand und Gestein quellfrisches Wasser fließen und das Schaf in großen Zügen daraus trinken.

Da beruhigte sich Mose und sagte ganz sanft: »Hätte ich gewusst, dass du vor Durst entlaufen bist, so wäre ich nicht zornig geworden. Denn ich weiß selbst, wie hart und böse der Durst brennen kann.« So nahm er das Böckchen, als es sich satt getrunken hatte, behutsam auf den Arm und trug es zur Herde zurück.

Als Gott das sah, sprach er bei sich: »Dieser Mann versteht seine Tiere. Er kennt den rechten Zorn und das freundliche Erbarmen. Ihm kann ich meine Herde anvertrauen!« Und so wurde Mose der Führer des Volkes Israel.

Und es stand hinfort kein Prophet in Israel auf wie Mose, den der Herr erkannt hätte von Angesicht zu Angesicht. (5.Mose 34,10)

Der listige Jakob

Einst wurden zwei Männer erwischt, der eine angeblich ein Dieb, der andere vermutlich ein Mörder. Aber sie wollten ihre Taten nicht eingestehen, und so konnte man sie nicht verurteilen. Da wandte man sich an Jakob, der bekanntlich der Listige hieß, und hoffte, dass er die beiden Übeltäter überführen würde. Jakob ließ erst den Dieb vor sich bringen und fuhr ihn an: »Gestehe, dass du gestohlen hast!« Aber der Mann beteuerte: »Ich habe nicht gestohlen!« Nun sagte Jakob zu ihm ganz freundlich: »Ich sehe, du bist ein ehrlicher und frommer Mann, und es geht nicht an, dass man dich einen Dieb nennt. Aber sage mir bitte, wie der Mann hieß, der mit dir das Diebesgut geteilt hat!« Da rief der Mann: »Der Lump ist entkommen, und hat auch meinen Anteil mitgenommen!« Sofort wurde er verurteilt und landete im Gefängnis. Nun brachte man den mutmaßlichen Mörder vor Jakob. Und der fragte ihn: »Sage mir doch bitte, warum hat der Ermordete dich vorher so arg geschlagen?« Der Mann war ganz beleidigt und rief: »Das ist eine Lüge. Ein Mann wie ich lässt sich von einem Feigling, wie ich ihn ermordet habe, doch nicht schlagen!«
Da wurde auch er verurteilt und ins Gefängnis geworfen.

Wer in Unschuld lebt, der lebt sicher; wer aber verkehrte Wege geht, wird ertappt werden.

(Sprüche 10,9

Das bessere Geschenk

Einst schickte der König Artabon dem Rabbi Jehuda ein Geschenk, einen sehr kostbaren Edelstein. Damit verband er die Bitte, auch der Rabbi möge ihm etwas, was ihm wirklich teuer sei, als Geschenk senden. Da schickte ihm der Rabbi eine Mesusa. Das ist eine auf Pergament geschriebene, heilige Inschrift, die in einem Behälter am Türpfosten angebracht, die Bewohner eines Hauses schützen soll.

Der König war über die Gabe des Rabbi verwundert und enttäuscht ließ er fragen: »Ich habe dir einen sehr teuren Edelstein geschenkt, du aber hast mir etwas geschickt, das keinerlei Wert hat.« Der Rabbi antwortete ihm: »Unsere Geschenke lassen sich nicht vergleichen. Du hast mir ein Geschenk gemacht, das ich mit Sorge behüten und bewahren muss. Ich dagegen habe dir ein Geschenk gemacht, das dich vor Sorgen behüten und bewahren wird.«

Du bist mein Schirm, du wirst mich vor Angst behüten, dass ich errettet gar fröhlich rühmen kann.

(Psalm 32,7)

Die Wahrheit bringt's

Rabbi Elimelech sagte einst: »Ich glaube fest daran, dass ich nach meinem Tode ins Paradies gelangen werde. Denn wenn ich vor dem himmlischen Gerichtshof gefragt werde: ›Hast du fleißig die Schrift gelernt? War dein Verhalten ehrlich und redlich? Hast du alle Gebote erfüllt und Wohltätigkeit geübt?‹, so werde ich auf alle die Fragen ohne weiteres mit ›Nein‹ antworten. Und dann wird man sagen: ›Er hat die Wahrheit gesprochen, also gehört ihm das Paradies!‹«

Wer seine Sünde leugnet, dem wird's nicht gelingen; wer sie aber bekennt und lässt, der wird Barmherzigkeit erlangen. (Sprüche 28,13)

Sind die Wünsche wirklich wahr?

Itzig sitzt im Cafe und frönt seiner großen Leiden-
schaft, dem Kartenspiel. Als er sich zu sehr erregt, trifft
ihn plötzlich der Schlag, und er bricht tot zusammen.
Seine Freunde sind betroffen. Und wer soll nun der
Frau die Nachricht bringen? Einer findet sich schließ-
lich bereit, macht sich auf den Weg, klingelt bei der
Frau vom Itzig. Sie öffnet. »Guten Tag, Gnädige Frau,
ich komme eben aus dem Stammcafe ihres Mannes.«
»Der Lump sitzt sicher wieder dort und spielt Karten!«
»Jawohl, er sitzt dort und spielt Karten!«
»Am Ende hat er wohl wieder verspielt?«
»Ja, ich glaube, er hat wirklich verspielt!«
»Er hat womöglich sehr viel verspielt!«
»Ich fürchte, er hat alles verspielt!«
»Der Schlag soll ihn treffen, den nutzlosen Tagedieb!«
»Gnädige Frau, von ihrem Mund direkt in Gottes Ohr
– er hat ihn schon getroffen!«

Wer seinen Nächsten verachtet, versündigt sich; aber
wohl dem, der sich der Elenden erbarmt!

(Sprüche 14,21)

Hat alles seine Richtigkeit?

Ein Bauer ist durch eine Missernte verarmt. Er hat kein Geld für die Aussaat. Bei dem reichen Dorfjuden will er sich einen Rubel leihen. Sie kommen überein, dass der Bauer das Geld im Sommer zurückzahlt, und zwar den doppelten Betrag.. Als Pfand lässt der Bauer dem Juden seine wertvolle Axt.

Als der Bauer schon gehen will, ruft ihm der Jude nach: »Warte, mir ist gerade eingefallen, im Sommer wird es dir noch schwerer fallen, zwei Rubel aufzutreiben. Darum ist es besser, wenn du die Hälfte jetzt schon anzahlst!« Das leuchtet dem Bauern ein, und er gibt ihm den einen Rubel zurück. Nachdenklich macht er sich auf den Heimweg und überlegt bei sich: »Merkwürdig, der Rubel ist weg, meine Axt ist weg, und einen Rubel bin ich ihm auch noch schuldig. Und dennoch hat alles seine Richtigkeit!«

Ein Armer, der in Unschuld wandelt, ist besser als einer, der Verkehrtes spricht und dabei reich ist.
(Sprüche 19,1)

Verbindlich und schlagfertig

Bei einem festlichen Bankett sitzen ein Rabbiner und ein katholischer Priester nebeneinander. Bei der heißen Schlacht am kalten Büfett verweigert der Rabbi die Speisen mit Schweinefleisch. Der Priester rühmt seine Freiheit und isst mit Genuss davon. Dabei meint er zum Rabbiner: »Religiöse Vorschriften, die ihren Sinn verloren haben, muss man fallen lassen. Schauen Sie diesen herrlichen Schinken an, welch eine Gabe Gottes! Wann endlich werden Sie ihn kosten?« Der Jude lächelt: »Auf Ihrer Hochzeit, Hochwürden, werde ich ihn probieren!«

Tut nichts aus Eigennutz oder um eitler Ehre willen, sondern in Demut achte einer den anderen höher als sich selbst. (Philipper 2,3)

Die Hauptsache

Ein reicher Bankier hat eine wunderhübsche Tochter. Aber sie treibt sich rum und macht ihren Eltern Schande. Also beschließt der Bankier: »Genug! Sie muss heiraten!« Am nächsten Tag kommt der Schadchen zu ihm, zückt sein Notizbuch und will gerade die Liste der in Frage kommenden Bräutigame vorlesen, als ihn der Bankier energisch unterbricht: »Steckt euer Buch wieder ein und hört mir zu. Ich brauche für meine Tochter einen guten Mann und für mich einen guten Schwiegersohn. Er muss nicht reich sein, reich ist sie selber. Er muss nicht schön sein, schön ist sie selber. Er muss nicht klug sein, klug ist sie selber. Die Hauptsache aber, er muss anständig sein!«

Ein gütiger Mensch ist der Liebe wert, und ein Armer ist besser als ein Lügner. (Sprüche 19,22)

Der Klügere gibt nach

Ein Jude bekommt ohne Grund von einem kräftigen Bauern eine Ohrfeige. Er ist viel zu schwach und schmächtig, um sich mit ihm zu prügeln. Stattdessen reicht er dem Bauern einen Rubel und sagt: »Danke, du hast mir geholfen, ein religiöses Gebot zu erfüllen. Bei uns Juden ist es nämlich Brauch, dass wir uns an unseren Festtagen gegen Bezahlung ohrfeigen lassen. Der reiche Reb Opatow zahlt sogar 100 Rubel dafür!« Der Bauer hört das mit Vergnügen, dringt beim reichen Opatow ein und ohrfeigt ihn. Doch seine kräftigen Diener verprügeln den Bauern ordentlich und werfen ihn auf die Straße hinaus. »Und wie war's?«, fragt ihn der Jude. Unter Schmerzen stöhnt der Bauer: »Der hält die religiösen Gebote aber nicht!«

Wer Streit anfängt, gleicht dem, der dem Wasser den Damm aufreißt. Lass ab vom Streit, ehe er losbricht!
(Sprüche 17,14)

Nicht mit Gewalt

Jom Kippur, der Versöhnungstag, ist der höchste Festtag im jüdischen Kalender. Der strenge Buß- und Fasttag findet am zehnten Tag des jüdischen Neujahrszyklus statt. Am Jom Kippur richtet Gott die Menschen und teilt sie nach ihren Taten in Gut und Böse ein. Eigentlich will Gott das schon am Neujahrstag tun, wenn er der Schöpfung gedenkt und das Los jedes Menschen bestimmt. Doch gewährt er den Sündern zehn Tage Aufschub zur Buße und Umkehr, zur Reue und Versöhnung.

Also beten am Jom Kippur die Juden in der Synagoge. Ein junger Mann betet besonders laut und heftig. Er schlägt seine Hände vor die Brust, rauft sich die Haare, seufzt und überschreit alle anderen Beter. Sein Nachbar schaut dem wilden Gebaren eine Zeit verwundert zu. Dann sagt er: »Junger Mann, mit Gewalt erreichen Sie hier gar nichts!«

Es soll nicht durch Heer oder Kraft, sondern durch meinen Geist geschehen, spricht der Herr Zebaoth.
(Sacharja 4,6b)

Eine gute Idee

Zwei Juden sitzen im Zug von Krakau nach Warschau, der eine ein Geschäftsmann, der andere ein Handleser. Sie kommen während der Fahrt ins Gespräch und der Handleser meint zu seinem Gegenüber: »Ich werd euch die Gedanken aus der Hand lesen. Wenn ich richtig lese, kostet es 50 Zloty!« Der Geschäftsmann ist einverstanden. Der Mann beginnt nun die Hand des anderen zu drehen, zu wenden, zu kneten und zu betrachten. Schließlich meint er: »Ihr fahrt nach Hause, um Bankrott anzumelden!« Der Geschäftsmann zieht seine Brieftasche und überreicht dem Handleser 50 Zloty. »Also hab ich richtig gelesen!?« – »Das nicht, aber auf eine gute Idee habt Ihr mich gebracht!«

Ein Kluger sieht das Unglück kommen und verbirgt sich; aber die Unverständigen laufen weiter und leiden Schaden. (Sprüche 27,12)

Hochanständige Sünder

Hirschkuh und Papierkragen führen gemeinsam ein gutgehendes Geschäft. Hirschkuh hat eine wunderschöne, junge Frau, Papierkragen ist ledig. Und so kann es nicht ausbleiben, dass er sich in die charmante Frau seines Kompagnons verliebt. Alle seine Werbungen scheitern an ihrer Treue und Tugend. Schließlich bietet er ihr tausend Mark. Da kann sie nicht widerstehen. Morgen ist ihr Mann verreist, dann soll er abends kommen.

Am Morgen des Reisetages verabschiedet Papierkragen seinen Partner und bittet ihn so nebenbei: »Leih mir doch bitte tausend Mark!

Nur für ein paar Stunden. Ich bringe sie noch heute deiner Frau zurück!« Als Hirschkuh nachts heimkehrt, ist seine erste Frage: »War Papierkragen da?« Die Frau ganz erschrocken: »Ja.« »Hat er dir tausend Mark gebracht?« Die Frau, kalkweiß im Gesicht: »Ja.«

Hirschkuh ganz erleichtert:: »Er hat es mir heute morgen versprochen und sein Wort gehalten. Ich wusste es. Er ist ein hochanständiger Mensch!«

Kann jemand auf Kohlen gehen, ohne dass seine Füße verbrannt werden? So geht es dem, der zu seines Nächsten Frau geht; es bleibt keiner ungestraft, der sie berührt. (Sprüche 6,28f)

Gott wird es richten

Während der Rabbi Schalom Mardochaj eines Tages zu
Hause über seine Bücher gebeugt meditierte und betete,
war in der Stadt ein Pogrom losgebrochen. Eine entfes-
selte Menge steckte die Synagoge in Brand. Die Leute
riefen bestürzt nach dem Rabbi. Aber Rabbi Schalom
blieb ruhig in seinem Haus und bei seinen Gebeten sitzen. »Denn«, so erklärte er ganz ruhig, »gibt es eine Gerechtigkeit Gottes, so wird Gott die Sache richten und
eine neue Synagoge wird erstehen. Gibt es aber keine
Gerechtigkeit Gottes, wozu brauchen wir dann eine
Synagoge?«

**Der Herr schafft Gerechtigkeit und Recht allen, die
Unrecht leiden.** (Psalm 103,6)

Auf der Durchreise

Im 19. Jahrhundert lebte in Polen der bekannte Rabbi Hofetz Chaim. Zu diesem weisen und gelehrten Mann kam eines Tages ein Besucher, um einen Rat von ihm zu erbitten.

Als der Mann sah, dass die Wohnung des Rabbi aus einem einzigen Zimmer bestand, in dem sich nur eine Bank, ein Tisch und ein Stuhl und einige Bücher befanden, fragte er den Rabbi verwundert: »Meister, wo haben Sie Ihre Möbel und den Hausrat?« – »Wo haben Sie Ihre?«, erwiderte der Rabbi. »Meine?«, fragte der verblüffte Fremde, »ich bin doch nur zu Besuch hier. Ich bin doch nur auf der Durchreise!« »Ich auch!«, sagte Hofetz Chaim.

Wir haben hier keine bleibende Stadt, sondern die zukünftige suchen wir. (Hebräer 13,14)

Raus oder rein!

Simon Silberfisch hat in seinem Leben die Gebote Gottes nicht immer so genau genommen und sich manch zweifelhaften Weg erlaubt. Sein Freund Goldberg bezweifelt deswegen, dass er in den Himmel kommen kann. »Ich werde hineinkommen«, behauptet Simon Silberfisch. »Ich werde gehen zur Himmelstür, werde sie aufmachen, werde sie zumachen, werde sie aufmachen, werde sie zumachen. Dann wird kommen der Heilige Petrus und rufen: Was ist nun, raus oder rein! Na, da geh ich hinein.«

Denn ich sage euch: Wenn eure Gerechtigkeit nicht besser ist als die der Pharisäer und Schriftgelehrten, so werdet ihr nicht in das Himmelreich kommen.

(Matthäus 5,20)

Entschädigt

Zwei Juden wollten an einem Abend gepflegt ausgehen. Sie wählten ein teures Restaurant, hatten aber einen ziemlich tristen Abend. Zuhause erzählen sie, wie es ihnen erging: »Im Restaurant war es laut und übelriechend, das Tischtuch war schmuddelig, der Kellner unfreundlich, die Suppe lauwarm, dafür die Heizung kalt und der Fisch verdorben. Und zuallerletzt war die Rechnung gesalzen! Aber was macht Gott? Als wir draußen sind, haben wir das Silberbesteck in der Tasche!«

Wer stolz und vermessen ist, heißt ein Spötter; er treibt frechen Übermut! (Sprüche 21,24)

Dumm gelaufen

In Petersburg gehen zwei Juden auf der Straße. Der eine hat eine Aufenthaltsgenehmigung, der andere nicht. Da kommt ein Wachtmann um die Ecke. Was nun?

Der Jude mit der Aufenthaltsgenehmigung rennt weg, der Wachtmann hinter ihm her. Als er ihn eingeholt hat, fragt er ihn: »Hast du eine Aufenthaltsgenehmigung? Zeig her!« Der Mann reicht ihm die Bescheinigung.

»Warum bist du weggelaufen?« »Bin ich denn weggelaufen? Der Arzt hat mir Bewegung verordnet!« »Aber du hast doch bemerkt, dass ich hinter dir her gelaufen bin!«

»Nu ich dachte mir, vielleicht habt Ihr den gleichen Arzt!«

Seid klug wie die Schlangen und ohne Falsch wie die Tauben. (Matthäus 10,16)

Freiwillig gefangen

Lange vor Tagesanbruch ist der alte Rabbi am Sabbat-
morgen wach. Er würde zu gerne den Talmud studie-
ren, aber er hat kein Licht. Und am Sabbat ist es ihm
nicht erlaubt, die Lampe anzuzünden.
Da stapft ein Bauer an seinem Haus vorbei. »He,
Iwan!«, schreit der Rabbi hinaus, »ich würde dir gerne
einen guten Schnaps anbieten, aber ich kann im Dunkeln die Flasche nicht finden. Kannst du nicht herein-
kommen, das Licht anzünden, damit ich dir einschen-
ken kann?« Bei dem Wort Schnaps ist der Bauer natürlich hellwach und gern bereit, hereinzukommen und
die Lampe anzuzünden Er sucht die Streichhölzer,
zündet die Lampe an. Der Rabbi sucht die Flasche,
schenkt dem Bauern ein Gläschen ein.
»Gott segne euch!«, sagt der Iwan gerührt, trinkt den
Schnaps, wischt sich den Mund ab, löscht artig das
Licht und geht seines Weges.

**Der Sabbat ist um des Menschen willen gemacht und
nicht der Mensch um des Sabbats willen.**

(Markus 2,27)

Jeder hat Recht – oder keiner?

Zwei Juden kommen zum Rabbi, damit er ihren Streit schlichten soll. »Worum geht es denn?«, fragt er. Der erste Kläger trägt seinen Fall so überzeugend vor, dass der Rabbi ihm umgehend Recht gibt. Dann wendet er sich dem zweiten zu: »Und was hast du zu sagen?« Dieser argumentiert ebenso überzeugend wie der erste. Darauf urteilt der Rabbi: »Ich muss sagen, du bist im Recht!«

Nun mischt sich die Frau des Rabbi ein: »Mein lieber Mann, du magst ja ein weiser Mann sein, aber wie um alles in der Welt sollen alle beide Recht haben können?«

Der Rabbi streicht sich lange durch den Bart und kommt dann zu dem Schluss: »Du hast natürlich auch Recht!«

Wer Streit anfängt, gleicht dem, der dem Wasser den Damm aufreißt. Lass ab vom Streit, ehe er losbricht!
(Sprüche 17,14)

Wunder

»Wunder gibt es immer wieder, man muss sie nur sehen können!«, erzählt ein Chassid. »Auf seiner letzten Reise wurde unser Rabbi spätabends grob abgewiesen, als er freundlich um ein Hotelzimmer bat. Da sprach er zum Wirt: ›Nun gut, ich ziehe weiter, aber dein Hotel wird heute Nacht über dir und deiner Hartherzigkeit zusammenstürzen!‹ Ganz erschrocken entschuldigte sich der Hotelbesitzer und gab dem Rabbi das beste Zimmer seines Hauses. Der Rabbi schlief wunderbar. Und was soll ich euch sagen«, fuhr der Chassid fort, »das Hotel ist stehengeblieben. Ich habe es mit eigenen Augen gesehen!«

Wie einem Gelähmten das Tanzen, so steht dem Toren an, von Weisheit zu reden.   (Sprüche 26,7)

Wenn gute Worte böse Folgen haben

Ein Rabbi möchte sich ein Auto kaufen. Der Händler empfiehlt ihm ein ganz besonderes Modell. Es wurde in Israel speziell für fromme Menschen entwickelt. »Sie werden begeistert sein, Rabbi, dieser Wagen hat keine Fußpedale, es reagiert auf ihre Stimme. Um Gas geben rufen sie einfach: Baruch ha Schem (Gott sei Dank!). Und wenn Sie bremsen wollen, rufen Sie: Schema Israel! (Höre Israel!)«
Der Rabbi ist begeistert, kauft das Auto und steigt ein. »Baruch ha Schem!« und das Auto fährt los. Bald hat er die Stadt verlassen, fährt durch das Land, freut sich an der schönen Gegend, übersieht ein Verbotsschild und braust plötzlich auf einen Abhang zu. Seine Füße treten ins Leere. Die Formel zum Bremsen ist vergessen. »Das ist das Ende«, denkt der Rabbi, und sich auf den Tod vorbereitend ruft er laut: »Schema Israel!« Im gleichen Moment bremst das Auto ab und kommt unmittelbar vor dem Abgrund zum Stehen. Der Rabbi hält noch zitternd das Lenkrad fest, schaut hinunter in die Tiefe und seufzt aus tiefster Seele: »Baruch ha Schem!«

Dies alles hab ich gesehen in den Tagen meines eitlen Lebens: Da ist ein Gerechter, der geht zugrunde in seiner Gerechtigkeit, und da ist ein Gottloser, der lebt lange in seiner Bosheit. (Prediger 7,15)

Die gerechte Sache

Koppelberg ist in einen langwierigen und üblen Rechtsstreit verwickelt. Während des langen Prozesses muss er auf Geschäftsreise. Darum übergibt er seinem Anwalt alle nötigen Vollmachten und bittet um Nachricht über den Fortgang der Verhandlungen. Eines Tages telegrafiert sein Anwalt: »Die gerechte Sache hat endlich doch gesiegt!« Worauf der entsetzte Koppelberg zurück telegrafiert: »Auf der Stelle Berufung einlegen!«

Wer sich auf seinen Reichtum verlässt, der wird untergehen; aber die Gerechten werden grünen wie das Laub. (Sprüche 1,28)

Welches Gebet erhört Gott?

Zwei Juden beten an der Klagemauer. Einer ist bettel-arm, der andere steinreich. »Zwei Dollar, lieber Gott, zwei Dollar bitte!«, ruft der Arme. »Eine Million, lie-ber Gott, gib mir eine Million Dollar bitte!«, betet der Reiche. »Zwei Dollar, o Herr, bitte gib mir zwei Dol-lar!« Da reißt dem Reichen der Geduldsfaden: »Da hast du zwei Dollar und nun geh fort und lenk mir den lieben Gott nicht weiter ab!«

Es gibt eine Art, die sich rein dünkt, und ist doch von ihrem Schmutz nicht gewaschen. (Sprüche 30,12)

Einer ist gelehrt – ein anderer schlau

Der Kutscher fährt den Rabbi übers Land und klagt über die Ungerechtigkeit in der Welt. Dem Rabbi würden überall Ehren und Geschenke zuteil. Ihn, den armen Kutscher behandle man schlechter als einen Hund.
Der Rabbi erklärt dem Kutscher, dass solche Ehren und Achtung nur durch jahrelange und schwere Studien erreicht werden. »Du würdest meine Rolle nicht eine Stunde ausfüllen können!«
Der Kutscher überredet den Rabbi zum Tausch der Kleidung. So zogen sie in den nächsten Ort ein. Der Kutscher wird als Rabbi umschwärmt und bedacht. Der Rabbi als Kutscher sitzt unbeachtet in der Ecke. Da kommt ein alter, würdiger Jude zum vermeintlichen Rabbi: »Hier ist eine Talmudstelle, über die wir uns streiten. Aber Ihr werdet sie uns erklären können!«
Der Kutscher ganz locker: »So etwas bereitet euch Schwierigkeiten? In unserer Stadt kann der einfachste Mann eine solche Frage klären. Ich will es euch gleich zeigen. He, Kutscher, komm mal her und erkläre den Herren diese Talmudstelle.«

Wer stolz und vermessen ist, heißt ein Spötter; er treibt frechen Übermut. (Sprüche 21,24)

Friede auf dem Friedhof

Einst stritten zwei reiche Juden in Lemberg um eine besondere Grabstätte, die in der Nähe eines berühmten Mannes lag. Beide wollten unbedingt zu Lebzeiten diese besondere Familiengruft von der Stadt erwerben. Der Streit zwischen den beiden Familien wurde so heftig und grotesk, dass sich friedliebende Freunde beider Familien einmischten und schließlich beide bewegen konnten, die Sache vor den Rabbi zu bringen. Seine Entscheidung wollte man dann akzeptieren. Der Rabbi Josef Saul Nathanson hörte sich in Ruhe die streitenden Parteien an, bedachte sorgfältig alle Argumente und entschied endlich: »Wer eher stirbt, dem soll die besondere Grabstätte gehören!« Darauf kehrte wieder der Friede ein.

Lehre uns bedenken, dass wir sterben müssen, auf dass wir klug werden. (Psalm 90,12)

87

An und aus

Zwei Juden träumen voller Sehnsucht vom Reichtum. »Ich möchte einmal so reich sein wie der Schönfeld. Dann würde ich mir jeden Tag ein neues Hemd anziehen.« Und der andere meint: »Wenn der Schönfeld sich schon jeden Tag ein neues Hemd anziehen kann, was macht dann erst der Baron Rothschild?«
»Der Rothschild? Zieht an, zieht aus, zieht an, zieht aus!«

Besser wenig mit der Furcht des Herrn als ein großer Schatz, bei dem Unruhe ist. (Sprüche 15,16)

Die Mutter und ihre Kinder

Bei einem Besuch des galizischen Statthalters Graf Pininski in Stanislaus erschienen am Bahnhof eine Abordnung der katholischen Konfession, eine Abordnung der evangelischen Konfession und als letzte eine der jüdischen Gemeinde. Die jüdische Gruppe mit ihrer prunkvollen Thorarolle wurde dem Statthalter zum Schluss vorgestellt. Einige Zeit später trafen der Bürgermeister und der Rabbi zusammen und sprachen auch über die Feierlichkeiten der Stadt. Besorgt fragte der Bürgermeister den Rabbi, ob sich die Juden etwa gekränkt fühlten, da ihre Abordnung als letzte vorgestellt wurde. »Wie sollten wir uns beleidigt fühlen?«, fragte Rabbi Leib Horowitz, »ist doch die jüdische Religion die Mutter der christlichen Religionen, und gewöhnlich geht ja die Mutter hinter ihren Kindern!«

Denn das Heil kommt von den Juden.

(Johannes 4,22b)

Abwarten

Nach der Geburt ihres ersten Sohnes geraten Frau und Mann in einen heftigen Streit darüber, nach wessen Vater der Junge genannt werden soll. Sie können sich auch nach Tagen nicht einigen und fragen ihren Rabbi um Rat. »Wie heißt dein Vater?«, fragt er die Frau. »Mein Vater heißt Levi!« – »Und wie heißt dein Vater?«, fragt er den Ehemann. »Mein Vater heißt Levi!« Der Rabbi ist völlig verwirrt: »Wo liegt dann das Problem?«

»Mein Vater«, sagt die Frau, »ist ein frommer Gelehrter. Und sein Vater ist ein ruchloser Pferdedieb. Wie kann ich also zulassen, dass unser Junge nach einem solchen Schurken genannt wird?« Der Rabbi denkt lange nach über die heikle Situation und meint schließlich: »Nennt den Jungen Levi und wartet ab, ob er ein frommer Gelehrter oder ein ruchloser Pferdedieb wird. Dann könnt ihr euch einigen, nach wem er benannt ist!«

Unter den Übermütigen ist immer Streit; aber Weisheit ist bei denen, die sich raten lassen!

(Sprüche 13,10)

Gastfreundschaft in Grenzen

Schmuel kommt zur Mittagszeit bei seinem Freund Mojsche vorbei. Da sie gerade beim Mittagessen sind, lädt Mojsche den Schmuel ein, bei ihnen am Tisch Platz zu nehmen. Schmuel meint bescheiden: »Ich hab mich zwar zu Hause schon richtig satt gegessen, aber so e bissche knuspern kann ich schon noch!«
Und dann greift er ordentlich zu, so dass Mojsche und seiner Familie kaum etwas bleibt.
Beim Abschied meint der Mojsche dann zum Schmuel: »Wenn du mal wieder vorbeikommst, dann knusperst du e bissche zu Hause und isst dich bei uns richtig satt!«

Wer einen Menschen zurechtweist, wird zuletzt Dank haben, mehr als der da freundlich tut.
(Sprüche 28,23)

Ehrliche Leute

Der Landmann war in der Stadt. Er hat in verschiedenen jüdischen Geschäften und auch in einem Genossenschaftsladen seine Sachen eingekauft. Wieder zu Hause erzählt er seine Erlebnisse: »Und ich sag euch, es ist doch wahr: Alle Juden sind Schwindler! Als ich mit meinen Einkäufen fertig und auf dem Heimweg bin, merke ich, dass ich meinen Schirm irgendwo habe stehen lassen. Ich gehe also zurück in das erste, in das zweite, in das dritte jüdische Geschäft. Und nirgends will man meinen Schirm gesehen haben. Dann komme ich zu dem Genossenschaftsladen, und die rufen mir schon von weitem zu: Sie haben ihren Schirm bei uns vergessen! Das nenne ich ehrliche Leute!«

Wie Schnee zum Sommer und Regen zur Ernte, so reimt sich Ehre zum Toren. (Sprüche 26,1)

Wann das Leben beginnt

Ein katholischer Priester, ein evangelischer Pfarrer und ein jüdischer Rabbiner unterhalten sich über dies und das, über alles mögliche und alles andere. Dann kommen sie schließlich auf die Frage, wann das Leben beginnt. Der katholische Priester vertritt die Meinung, dass das Leben mit der Zeugung beginnt. Der evangelische Pfarrer meint, es beginne mit der Geburt. Und der jüdische Rabbi sagt lächelnd: »Das Leben beginnt, wenn die Kinder aus dem Haus sind und der Hund tot ist!«

Denn du hast meine Nieren bereitet und hast mich gebildet im Mutterleib. Ich danke dir dafür, dass ich wunderbar gemacht bin; wunderbar sind deine Werke, das erkennt meine Seele.   (Psalm 139,13f)

Herzlich willkommen

Ein Jude lädt seinen Geschäftsfreund zum Geburtstag zum Festessen ein. Ganz genau beschreibt er ihm den Weg: »Du musst die Hauptstraße hinabgehen bis zur Polizeiwache, dann rechts einbiegen bis zu einem großen Platz, dort links und bald darauf noch mal links, dann über die nächste Straße gerade herüber bis du vor einem großen weißen Haus stehst. Die rechte von beiden Türen ist meine Wohnungstür. Dort trittst du kräftig mit dem Fuß gegen die Tür, dann komme ich und mach dir auf!«
»Wieso soll ich mit dem Fuß gegen die Tür treten? Ich kann doch einfach anklopfen!«
»Mein lieber Freund, du wirst doch zu meinem Geburtstag nicht mit leeren Händen kommen!«

Iss nicht bei einem Neidischen und wünsche dir von seinen feinen Speisen nichts; denn in seinem Herzen ist er berechnend; er spricht zu dir: Iss und trink!, und sein Herz ist doch nicht mit dir.

(Sprüche 23,6f)

Der große Unterschied

Der kleine Moische geht in die zweite Klasse, und seine Freundin Eva ist die Tochter des evangelischen Pfarrers. Beide spielen gern und oft miteinander. Eines Tages kommen sie völlig verdreckt und durchnässt nach Hause gelaufen. Kurzerhand pellt Moisches Mutter ihren Sohn aus den dreckigen Klamotten und stellt ihn unter die Dusche. Da die kleine Eva in ihrem Dreckzeug genauso erbärmlich ausschaut, stellt sie sie kurzerhand zum Moische in die Dusche. Als sie sauber, trocken und in warme Bademäntel gehüllt sind, meint der Moische leise zu seiner Mamme: »Dass Christen anders sind als Juden, habe ich schon gewusst, aber dass der Unterschied so groß ist, hätte ich nicht gedacht!«

Wer den Herrn fürchtet, hat eine sichere Festung, und auch seine Kinder werden beschirmt.

(Sprüche 14,26)

Nur zum Guten

Rabbi Akiba pflegte stets zu sagen: »Alles, was der Allmächtige tut, tut er zum Guten!«

So befand sich Rabbi Akiba einst auf einer Reise. Und als er in eine Stadt kam und um eine Herberge bat, wies man ihn grob ab.

Da sprach er: »Alles, was der Barmherzige tut, tut er zum Guten!« So ging er aus der Stadt heraus und übernachtete auf freiem Felde. Er hatte bei sich eine Katze, einen Hahn und einen Esel. Da kam ein heftiger Wind und blies die Kerze aus. Dann kam die Katze und fraß vor Hunger den Hahn. Schließlich schlich ein Löwe heran und riss den Esel. Da sprach der Rabbi wiederum: »Alles, was der Allbarmherzige tut, tut er zum Guten!«

In derselben Nacht kam eine Truppe Räuber, plünderte die Stadt und nahm die Leute gefangen. Den Rabbi Akiba konnten sie aber nicht sehen, weil er im Dunkeln übernachtete, der Hahn nicht krähte und der Esel nicht schrie. Da sprach Rabbi Akiba: »Habe ich nicht gesagt, dass alles, was der Heilige, gepriesen sei er, tut, zum Guten ist?!«

Gutes und Barmherzigkeit werden mir folgen mein Leben lang. (Psalm 23,6)

Das goldene Telefon

Russlands Präsident Putin ist auf Staatsbesuch in den USA. Auf dem Schreibtisch des amerikanischen Präsidenten im Weißen Haus fällt ihm ein goldenes Telefon auf. »Das ist mein direkter Draht zu Gott«, erklärt George W. Bush. Putin mehr zweifelnd als staunend: »Darf ich mal?« – »Aber gern!«

Putin spricht eine gute halbe Stunde mit Gott. Dann fragt er den amerikanischen Präsidenten nach dem Preis. »Eintausend Dollar!« Putin ist verwundert, aber bezahlt.

Einige Tage später führt ihn seine Reise nach Israel. Im Büro des Ministerpräsidenten sieht er auf dem Schreibtisch ein goldenes Telefon. »Das ist Ihr direkter Draht zu Gott!«, meint er lächelnd. »Darf ich mal kurz?« – »Bitte!«

Putin spricht nun über eine ganze Stunde mit Gott. Besorgt fragt er nach den Gebühren. »Fünfzig Cent« meint der Israeli. Putin erstaunt: »In Amerika habe ich für ein viel kürzeres Telefonat eine Riesensumme bezahlt!« Der Ministerpräsident: »Das ist erklärlich, hier ist es ein Ortsgespräch!«

Der Herr ist nahe allen, die ihn anrufen, allen, die ihn ernstlich anrufen. (Psalm 145,18)

Wie steht es mit deinem Leben?

In Krakau saß einst ein Rabbiner im Gefängnis, weil man ihn für einen Staatsfeind hielt. Der Aufseher ließ den Rabbi seine ganze Verachtung spüren. Eines Tages fragte er ihn spöttisch: »Wenn dein Gott allwissend ist, warum hat er dann den Adam gefragt: Wo bist du?« Der Rabbi antwortete ihm ganz ruhig: »Die Frage war anders gemeint. Adam war damals zweiundvierzig Jahre alt. Und Gott wollte also eigentlich wissen: Adam, du bist jetzt zweiundvierzig Jahre alt, doch wie steht es mit deinem Leben?«
Der Aufseher wurde kreidebleich und erschrak. Denn er war gerade zweiundvierzig Jahre alt.

Herr, du erforschest mich und kennest mich.

(Psalm 139,1)

Von Scholle zu Scholle

Als Jiri Izrael, einer der Stillen im Getümmel der Welt, vor Ostern im Jahre 1551 bei Torun über die gefrorene Weichsel ging, begann vor seinen Füßen plötzlich das Eis zu brechen. Und Jiri Izrael sprang von Scholle zu Scholle und sang dabei den Psalm: »Lobet im Himmel den Herrn, lobet ihn in der Höhe – von Scholle zu Scholle. Lobet ihn, alle seine Engel, lobet ihn, all sein Heer – von Scholle zu Scholle. Lobet ihn, Sonne und Mond, lobet ihn, alle leuchtenden Sterne – von Scholle zu Scholle. Lobet ihn, ihr Himmel aller Himmel und ihr Wasser über dem Himmel – von Scholle zu Scholle.

Lobet den Namen des Herrn aller Dinge, denn er gebot, da wurden sie geschaffen – von Scholle zu Scholle. Lobet den Herrn auf Erden, ihr großen Fische und alle Tiefen des Meeres – von Scholle zu Scholle. Lobet den Namen des Herrn, denn sein Name allein ist hoch, seine Herrlichkeit reicht, so weit Himmel und Erde sind.« Und so gelangte Jiri Izrael aus der Strömung des Flusses glücklich ans Ufer – von Scholle zu Scholle!

Der Herr ist meine Macht und mein Fels und ist mein Heil. (Psalm 118,14)

Eine Familie

Es ist ein eiskalter Wintertag, als zwei alte Juden durch Warschau gehen. In ihren dünnen, abgerissenen Mänteln sind sie bis auf die Knochen durchgefroren. Da flüchten sie in eine katholische Kirche, um sich ein wenig aufzuwärmen. Dort findet gerade ein festlicher Gottesdienst statt, in dem eine Schar von Novizinnen ihr Ordensgelübde ablegt. Die wie Bräute ganz in Weiß gekleideten Frauen werden nun gleichsam mit Christus vermählt. Verwandte, Freunde, Gemeinde folgen ergriffen dem heiligen Ritus. Irgendwann bemerkt man die beiden ärmlich gekleideten Juden, die in der letzten Bank Platz gefunden haben. Ein Priester kommt auf sie zu: »Verzeihung, meine Herren, darf ich fragen, was Sie hier hergeführt hat?« – »Sie dürfen«, meint einer der beiden Juden, »wir sind von der Familie des Bräutigams!«

Wer ein mutiges Herz hat, weiß sich auch im Leiden zu halten; wenn aber der Mut daniederliegt, wer kann's tragen? (Sprüche 18,14)

Das falsche Ritual

Ein jungverheirateter Jude kennt sich mit dem Ritual für die Sedertafel am Passahfest nicht so richtig aus. Also bittet er seine junge Frau, abends beim Dorfschmied heimlich ins Fenster zu blicken und ihm zu berichten, wie jener es macht. Die Frau schleicht sich zum Haus des Dorfschmieds, blickt aufmerksam durchs Fenster, um zu sehen, wie er es macht, und es ihrem Mann zu berichten. Doch erschrocken muss sie mit ansehen, wie der Schmied mit der Kohlenschaufel auf seine Frau einschlägt. Schnell rennt sie nach Hause und schweigt verstört. Der Mann fragt, aber sie will nichts sagen. Der Mann wird energisch, die Frau schweigt. Schließlich wird er wütend, greift nach der Kohlenschaufel und schlägt auf seine Frau ein. Da schreit die Frau weinend auf: »Wenn du doch weißt, wie es geht, warum schickst du mich dann noch zum Dorfschmied?«

Ein Mann, der seinen Zorn nicht zurückhalten kann, ist wie eine offene Stadt ohne Mauer.

(Sprüche 25,28)

Was wirklich zählt

Eine junge Frau kann sich nach einem Schiffbruch auf eine kleine Insel retten. Dort führt ein Jude seit Jahren ein Robinson-Crusoe-Dasein. Die Frau bejammert ihr trauriges Schicksal. Der Jude tröstet sie: »Schauen Sie, gute Frau, hier ist es herrlich, absolut ruhig, dann der wunderbare Blick auf das Meer, das ganzjährig milde Klima, all die saftigen Früchte und Gesellschaft haben Sie auch mit mir, das ist doch wirklich viel, was ich Ihnen zu bieten habe!« »Na ja«, lacht die Frau, »ich habe schließlich auch etwas mitgebracht, was sie seit Jahren sicher schmerzlich vermissen!« Der Jude plötzlich ganz aufgeregt: »Haben Sie etwa Mazzen als Osterbrot dabei?«

Drei sind mir zu wunderbar und vier verstehe ich nicht: des Adlers Weg am Himmel, der Schlange Weg auf dem Felsen, des Schiffes Weg mitten im Meer und des Mannes Weg beim Weibe.

(Sprüche 30,18f)

Verzeichnis der Bibelstellen

neukirchener
verlag

Leben aus dem Einen!

CHRISTOPH WOLF

SO HATTE GOTT SICH DAS GEDACHT

UND FAND: DAS HAB ICH GUT GEMACHT!

Biblische
Balladen zum
Vorlesen

neukirchener
aussaat

Noch war die Erde wüst und leer, da dachte Gott: Das geht nicht mehr!

Die Schöpfungsgeschichte, die Geschichte von Josef, von Zachäus und andere Begebenheiten aus der Bibel in Versen und Reimen. Vertraute Texte erhalten eine ganz neue Aufmerksamkeit und lassen über Details staunen, die nur durch den Reim sichtbar werden.

Christoph Wolf
So hatte Gott sich das gedacht und fand: Das hab ich gut gemacht!
Biblische Balladen zum Vorlesen
gebunden, 156 Seiten, s/w-Illustr., Lesebändchen, ISBN 978-3-7615-6380-9

www.neukirchener-verlage.de